Idee und Konzeption: Liz Marwick, Miryam Specht
Text: Ken Harvey
Illustration und Grafik: Miryam Specht
Stimme Lola: Claire Farley
Stimme Kylie, Lily: Nikki Harvey
Stimme Erzähler, Jack, Woody: Henning Holzheuer
Stimme Tommy, Paul, Sid: Ken Harvey
Redaktion: Thomas Martin
Lektorat: Karin Fellner

Wo ist Lou Kangaroo?

Eine Geschichte von Ken Harvey
mit Bildern von Miryam Specht

Lola's last Day in Australia

Es ist ein warmer, sonniger Tag und süßer Schokoladenduft liegt in der Luft. Nach Lolas sehr schönen und aufregenden Ferien in Australien ist es an der Zeit, nach Berlin zurückzukehren. Lola ist traurig. Es fällt ihr schwer, ihren neuen Freunden auf Wiedersehen zu sagen.

Auf einmal zerrt jemand an ihren Schuhbändern.
Es ist Tommy, der gefräßige Wombat.
Lola weiß sofort: Irgendetwas stimmt hier nicht!

Tommy: We are missing Lou,
Kylie's daughter,
the baby kangaroo.
She got lost and
isn't with her mum!
Help with the search,
hurry, come!

At Kylie's Place

Kylie, die Kängurumutter, ist sehr traurig.
Ihr kleines Baby Lou ist weg, nur ihr Teddy ist noch da.
Große Kängurutränen kullern über ihre Backen.
Selbst Woody, ihr Mann, kann sie nicht trösten!

Kylie: What shall I do
without my baby kangaroo?

Lola: What happened?

Kylie: I read a book
and didn't look.
She went off on her own,
now I'm alone!

Lola: Don't worry.
I'm sure we will find her.

What will they do?

Lola denkt darüber nach, wie sie Kylie helfen kann.
Wenn sie alle zu viert nach der kleinen Lou suchen,
dann werden sie sie bestimmt finden.
Sie zeichnen eine Karte und überlegen,
wo sie mit der Suche beginnen sollen.

Lola: Kylie, all of us will look for her.
Try not to be upset.

Kylie: I feel so bad.

Tommy: Everything will be all right.
Maybe she was hungry,
I'm always hungry!

The Search begins

Lola, Kylie, Woody und Tommy sind bereit.
Jeder von ihnen hat ein paar nützliche Dinge
für die Expedition mitgenommen.
Man kann ja nie wissen!
Sie studieren ihre Karte und beschließen,
gemeinsam nach rechts zu gehen.
Nur Tommy nicht, er braucht keine Karte,
denn er hat schließlich seine Nase …

HOME

No Stone is left unturned

They look here,

they look there,

they look
everywhere.

They meet an Emu

Lola, Kylie und Woody kommen in eine weite, offene Buschlandschaft.

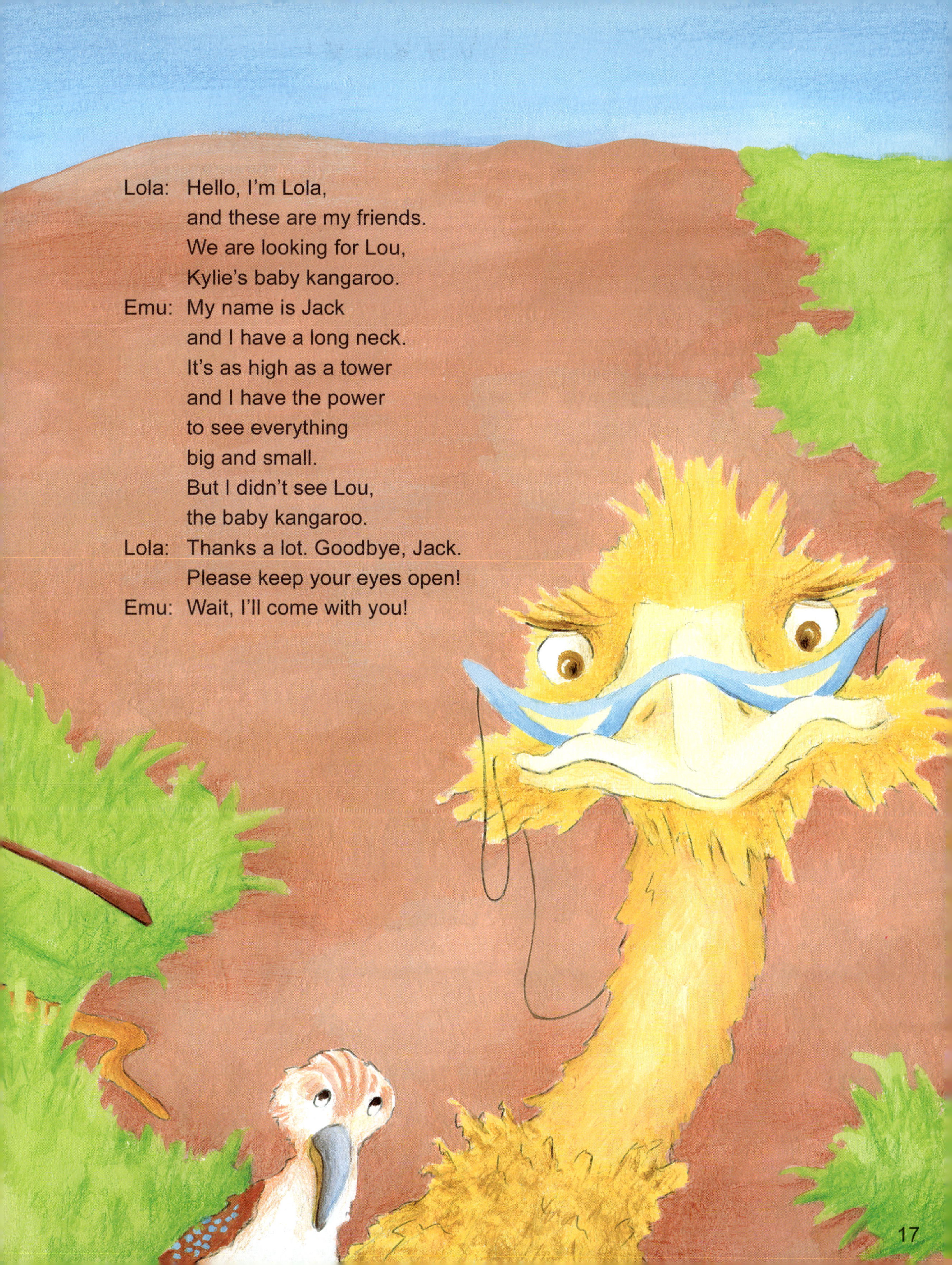

Lola: Hello, I'm Lola,
and these are my friends.
We are looking for Lou,
Kylie's baby kangaroo.

Emu: My name is Jack
and I have a long neck.
It's as high as a tower
and I have the power
to see everything
big and small.
But I didn't see Lou,
the baby kangaroo.

Lola: Thanks a lot. Goodbye, Jack.
Please keep your eyes open!

Emu: Wait, I'll come with you!

In the dense Forest

Ihre Karte führt die Freunde in einen dichten, grünen Wald, der voller fantastischer Geräusche ist. Wo sollen sie hier zuerst suchen? Zum Glück tauchen bald zwei freundliche Tiere auf: Carla Koalabär und Lily Sugarglider.

Lola: Hello, has anybody seen Lou, the baby kangaroo?

Carla: No, we haven't.

Lily: What happened?

Aufmerksam hören Carla und Lily sich an, was passiert ist, und versprechen, den ganzen Wald nach der kleinen Lou abzusuchen.

Carla klettert die Bäume hoch, dreht die Blätter um und klopft die Stämme ab. Lily hüpft und gleitet über den Bäumen und Büschen hin und her und schaut sogar über den Wolken nach. Schließlich dreht Carla auch noch ihren Beutel um. Aber nicht die geringste Spur von Lou! Traurig verabschieden sie sich voneinander und setzen die Suche fort.

Lola: Thanks for all your help.
Carla & Lily: So sorry we couldn't find her.
Take care and good luck!

In the World of the Platypus

Jack, Lola, Kylie und Woody eilen weiter. Nach einer Weile gelangen sie an einen Fluss, in dem viele verschiedene Tiere zu Hause sind. Da taucht ein eigenartiges Tier aus dem Wasser auf, um Luft zu holen.

Woody: Good afternoon, sir.
I'm sorry to disturb you.
I'm Woody Kangaroo,
this is my wife Kylie.
And these are our friends
Lola and Jack.

Platypus: I'm Paul Platypus,
pleased to meet you.
But you look worried.
What's the matter?
How can I help you?
Woody: We are missing Lou,
our baby kangaroo.
Did you see her?
Platypus: No, I didn't, I'm sorry.
I'm old and lazy and when I swim,
I close my eyes and dream of flying.
But wait a minute, I will ask my friends, the fish,
and Pete, the duck, to look in the river!

Er kommt zurück und schüttelt den Kopf.

Platypus: They looked amongst the fish,
around the rocks and the riverbanks …
but she wasn't there.
We tried hard
but had no luck.
Don't give up,
I'm sure you will find her.

They become desperate

Lou ist absolut nirgends zu finden!
Kylie bricht wieder in Tränen aus.
Sie ist so traurig und verzweifelt,
weil sie nicht weiß, wie es weitergehen soll.

Kylie: Oh, what shall I do
without my baby kangaroo?
She isn't here, she isn't there,
we can't find her anywhere!

A wise Kookaburra decides to help!

Sid, der Kookaburra, ist ihnen schon eine ganze Weile gefolgt.
Er hat sie aufmerksam beobachtet und bemerkt,
dass sie mit ihrer Suche so nicht weiterkommen.
Er hat eine tolle Idee:

Sid: Hey guys, you know what?
We will find her quickly if we know what she likes to do.

Kylie: That's easy, she likes to sleep a lot, to play hide-and-seek,
to box and to talk to Lola. And she loves to spend time with Mrs. Brown …

Lola: Mrs. Brown! Of course!
Today is Sunday, isn't it?
Lou loves eating, and eating sweets even more …
Guess what Mrs. Brown does on Sundays?

Mrs. Brown's Baking Day

Natürlich, Frau Brown backt Schokoplätzchen am Sonntag. Und Lou, das kleine Känguru, ist so wild auf Frau Browns Schokoplätzchen, dass es alles andere dabei rundherum vergisst.

Lola, Sid, Jack und ganz besonders Kylie und Woody sind überglücklich, dass sie die kleine Ausreißerin endlich gefunden haben. Hoppla, da ist ja noch jemand, der bei der Suche verloren gegangen ist und den sie vor lauter Aufregung ganz vergessen haben …

Frau Brown winkt sie fröhlich herein …

Übersetzung

Lolas letzter Tag in Australien

Tommy: Wir vermissen Lou,
Kylies Tochter,
das Babykänguru.
Sie ist verloren gegangen und
ist nicht bei ihrer Mutter!
Hilf bei der Suche,
beeil dich, komm!

Bei Kylie zu Hause

Kylie: Was soll ich tun
ohne mein Babykänguru?
Lola: Was ist passiert?
Kylie: Ich habe ein Buch gelesen
und nicht hingeschaut.
Sie ist ganz alleine weggegangen,
jetzt bin ich alleine!
Lola: Mach dir keine Sorgen.
Ich bin sicher, dass wir sie finden werden.

Was werden sie tun?

Lola: Kylie, wir alle werden nach ihr suchen.
Versuche, dich nicht aufzuregen.
Kylie: Ich fühle mich so schlecht.
Tommy: Alles wird gut werden.
Vielleicht war sie hungrig,
ich bin immer hungrig!

Die Suche beginnt

Jeder Stein wird umgedreht

Sie schauen hier,
sie schauen dort,
sie schauen überall nach.

Sie treffen ein Emu

Lola: Hallo, ich bin Lola
und dies sind meine Freunde.
Wir suchen Lou,
Kylies Babykänguru.

Emu: Mein Name ist Jack
und ich habe einen langen Hals.
Er ist so hoch wie ein Turm
und ich habe die Fähigkeit,
alles zu sehen,
Großes und Kleines.
Aber Lou, das Babykänguru,
habe ich nicht gesehen.
Lola: Vielen Dank. Auf Wiedersehen, Jack.
Bitte halte deine Augen offen!
Emu: Wartet, ich werde mit euch kommen!

Im dichten Wald

Lola: Hallo, hat irgendjemand Lou,
das Babykänguru, gesehen?
Carla: Nein, haben wir nicht.
Lily: Was ist passiert?

Lola: Danke für eure ganze Hilfe.
Carla & Lily: Tut uns so Leid,
dass wir sie nicht finden konnten.
Macht´s gut und viel Glück!

In der Welt des Schnabeltiers

Woody: Guten Tag, mein Herr.
Es tut mir Leid, Sie zu stören.
Ich bin Woody Känguru,
dies ist meine Frau Kylie.
Und dies sind unsere Freunde
Lola und Jack.
Platypus: Ich bin Paul Platypus,
freut mich, euch kennen zu lernen.
Aber ihr seht besorgt aus.
Was ist los?
Wie kann ich euch helfen?
Woody: Wir vermissen Lou,
unser Babykänguru.
Haben Sie sie gesehen?
Platypus: Nein, habe ich nicht, leider.
Ich bin alt und faul, und wenn ich schwimme,
schließe ich meine Augen und träume vom Fliegen.
Aber wartet eine Minute,
ich werde meine Freunde, die Fische,
und Pete, die Ente, bitten,
dass sie im Fluss nachsehen!